JN441580

상상프로젝트 | 숲요정 아바타

Nature Art-Therapy

힐링토크와 함께하는 자연물공예

상상프로젝트 | 숲요정 아바타

Nature Art-Therapy

힐링토크와 함께하는 자연물공예

인쇄	2014년 7월 20일
발행	2014년 7월 25일

지은이	조창이 안현진 지음
발행인	방은순
펴낸곳	도서출판 프로방스
사진	안현진
표지&편집 디자인	Design CREO
마케팅	최관호
ADD	경기도 고양시 일산동구 백석2동 1301-2 넥스빌오피스텔 904호

전화	031-925-5366~7
팩스	031-925-5368
이메일	provence70@naver.com
등록번호	제396-2000-000052호
등록	2000년 5월 30일
ISBN	978-89-89239-88-8 03370

정가 20,000원

파본은 구입처나 본사에서 교환해드립니다.

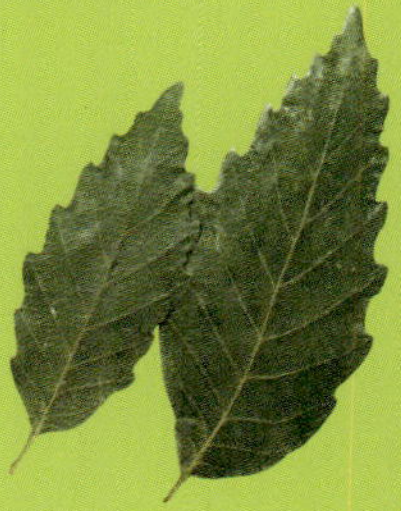

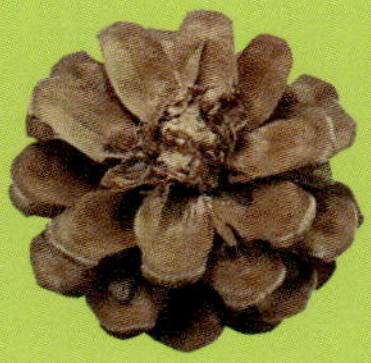

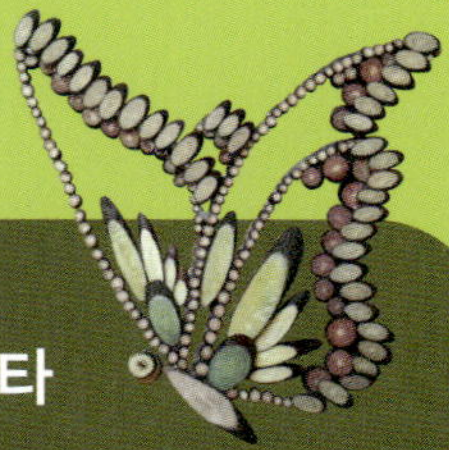

상상프로젝트 | 숲요정 아바타

Nature Art-Therapy

힐링토크와 함께 하는 자연물공예

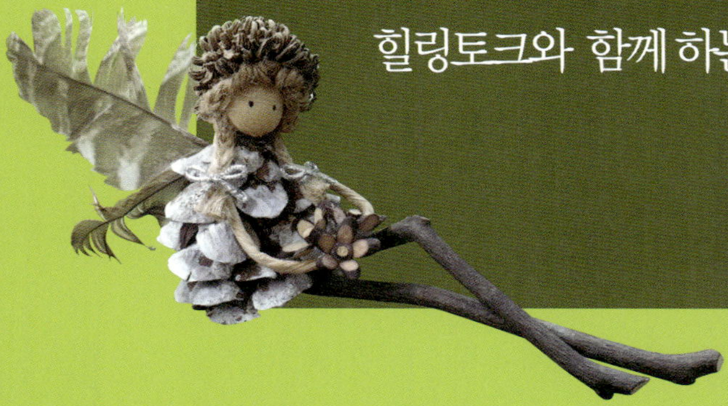

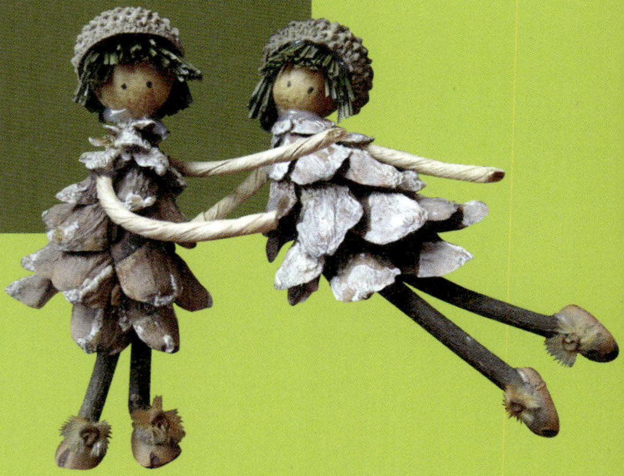

조창이 안현진 지음

프로방스

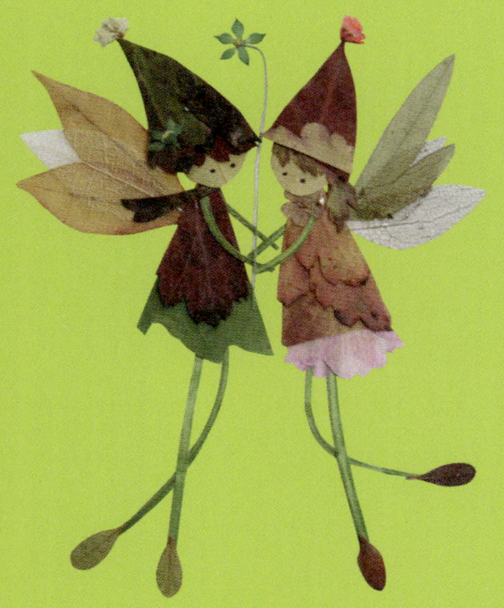

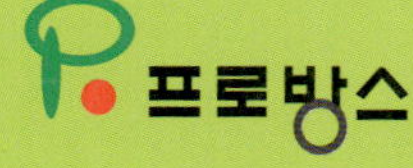

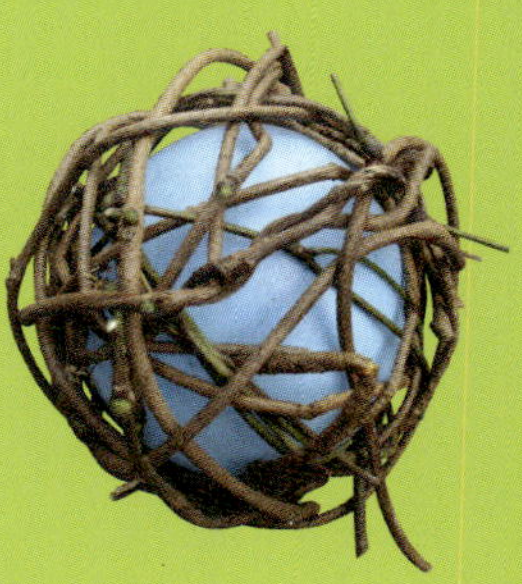

들어가는 글

푸른숲은 내가 일하는 일터.
숲이 주는 맑은 공기, 새소리, 아름다운 꽃들, 맑은 시냇물, 바람...자연이 주는 모든 혜택을 받으며 지내고 있는 나는, 복많은 사람이란 말 그대로 이 시대를 살아가는 모든 이들의 회색빛 콘크리트 일터에 비하면 참으로 행복한 일터임에 틀림이 없습니다.
국립백운산휴양림에서 근무하던 시절부터 현재 국립산음자연휴양림 치유의 숲에서 산림치유 운영을 맡으며, 그간 만난 많은 이들과 함께 숲을 공감하고 나누며 말합니다. 그들의 삶에 건강과 행복을 담아가게 하는 것은 사람이 아닌 이곳 바로 숲이라고...

유년시절, 뒷 동산에서의 꿈과 환상의 추억은 숲속에는 동화에서 본 것 같은 요정들이 나무위에 걸터 앉아 있고, 버섯집에도 살고, 하늘을 날아다니는 날개달린 요정이 있다고 믿었습니다.
지금도 그러하지만, 그 숲요정들은 다름아닌 꽃과 나무의 요정, 바람과 물의 요정등 무수히 많은 숲의 요정들이 푸른숲을 일구고 아름다운 자연을 만들어 내는 것이라 여겨, 내가 생각했던 상상속의 요정들을 내 방식대로의 교감을 통해 세상밖으로 끄집어 내기로 한것입니다.

자기표현의 접근방법으로서의 최상의 재료들이자 공간인 숲을 나름대로의 상상을 더하고, 발상의 전환을 통해 '숲요정아바타라' 는 이름으로 여러분들에게 소개해 보이고 싶었습니다.
특히 자라나는 아이들에게 아름다운 동심을 심어 주고 정서나 심성에 영향을 주어, 숲속에서 찾아주는 인성교육이 아이들이 이 시대를 살아가는 동안 행복한 삶의 요소로서 기막힌 묘약이 되리라 믿는바,
온가족이 함께 상상하고 즐길 수 있는 감성로드에 함께하시기를 바라는 취지가 이 책을 만들게 된 이유라고 할 수도 있겠습니다.

최근들어 숲이 있는 곳 어디든 숲을 찾는 이들이 많아졌습니다.
그중 전국에 있는 휴양림도 많이 이용하고 있는바, 산림청에서는 산림휴양서비스의 일환으로 숲해설, 숲체험, 목공예, 숲가꾸기, 산림치유프로그램 등 다양한 산림문화로 숲을 찾는 이

들에게 즐거움을 주고 있습니다.
이 책의 내용이 바로 휴양림에서 즐기는 일반적인 숲체험 내용을 바탕으로 엮었으며, 숲에서 찾는 자연물 놀잇감으로 숲을 더 많이 알게하여 숲, 자연이야 말로 진정한 우리의 멘토라 여기는 지연의 법칙도 깨닫게 함입니다.

본문에 나오는 내용으로 솔방울요정, 단풍요정, 나무꽃요정, 풀잎요정등 숲의 자연물을 '요정' 이란 이름으로 상징적으로 표현하여, 엄마와 아이가 함께 즐기고 만들어 보면서 상상의 스토리로 이야기를 엮어가며 소통하는 장이 되어, 보다 많은 멋진 상상속 요정들을 만들어 내기를 바랍니다.

숲에서 즐기는 숲체험이 상상속 숲요정들로 하여금 한층 즐거워지길 바라며,
책이 나오기까지 많은 성원을 보내 주신 나의 어머니, 내가 필요한 것 뭐든지 해결해 주는 남편, 격려와 극찬으로 힘을 보태는 아들 정현이와 반짝이는 아이템과 사진제작에 딸 현진이, 그리고 먼길마다 않고 예쁜재료 모아주시는 김명혜선생님, 출판에 앞장 서 주신 장이기선생님 그리고 국립산음자연휴양림 팀장님을 비롯 모든 직원과 더불어 산음치유의 숲에 함께 근무하시는 선생님들께 감사의 말을 전하며, 또한 이 책을 출간하여 주신 프로방스 조현수사장님께 감사드립니다.

나무꽃이 아름다운 들, 숲의 요정들이 예쁜 들 뭐니뭐니해도
살아있는 우리의 아가요정들의 웃음꽃이 가장 예쁜 것 같습니다.
우리의 아이들에게 영원히 아름다운 요정들이 살고 있는 요정의숲으로 남겨줍시다.
감사합니다. To be continued . . .

2014년 6월 22일
비의 요정들이 내리는날
조창이 올림

차 례

Ⅰ. 솔방울요정

Ⅱ. 단풍요정

Ⅲ. 나무꽃요정

Ⅳ. 풀잎요정

Ⅴ. 나뭇잎갤러리

Ⅵ. 산림치유 자연물활용 응용 프로그램

I

상상프로젝트

솔방울 요정

숲요정아바타 마을 스토리

숲요정을 각 테마별로 구성하여 숲요정들의 small talk 그들의 이야기를 내방식대로 상상력을 발휘해 동화로 언어능력을 키워보자. 동화는 살아가는 힘을 준다.

안녕! 너무 반가워! 숲속요정 나라에 온걸 환영해!

내이름은 숲요정 그리고 내 옆에 있는 내친구 숲여우~

우리는 숲속 어느 곳이나 살고 있고 또 너무 작아서 잘 보이지 않을 것 같지만 우리 숲요정들이 소근대는걸 들을 수도 있고 너를 어디선가 바라보고 미소 짓기도 하지. 숲속에서 바스락 바스락 소리가 나면 우리가 웃는 소리야.

그럼 이제부터 내친구 숲요정들을 소개할께 그친구들의 이야기를 들어봐

안녕!

우리는 이웃에 사는 친구요정들인데 가을이면 과일들을 달콤하고 맛나게 만드는 일을 하고 있단다.

오늘 숲요정마을에 손님이 온다고 해서 맛난 열매를 가지고 여기 놀러왔어

함께해서 기뻐!

그럼 다음에 또 보자

자매요정들이야

두 언니요정과 숲여우를 안고 있는 애는 막내동생요정이야

숲여우가 두 마리 있어서 자매요정집은 늘 시끌벅적 하단다.

대문이 참 예쁜집에서 살지?

오늘 맛있는 빨간 과일을 땃는데 한 개 먹어보라하네.

숲속엔 그들 웃는 소리가 항상 크게 들리곤 하지.

나뭇가지 위 새둥지에 살고 예쁘고 멋진 깃털을 달고 있는 새요정가족.

나무위 높은 집은 꼭 아파트같아서 우리 숲요정마을을 멀리 내다 볼 수 있어서

우리 숲요정들이 하는 일을 잘 알고 있단다.

새요정가족은 이웃에게 친절해서 친구들이

쉬어가라고 항상 집앞엔 의자가 놓여져 있어.

언젠가 너희들 오면 쉬었다 가길 바래.

여긴 나의 집이야

우리집 멋진지붕을 보고 숲요정 친구들이 놀러와 부러워하기도 하는데 이런 나의 집을 사랑해. 지나가는 길에 언제든 놀러와.

너가 지나갈 때 내가 바스락 소리로 부를께.

스머프집처럼 버섯집에서 살고 있는 잠자리요정들.

예쁜 버섯집도 부럽지만 버섯집의 아름다운 창문이 나도 갖고 싶어.

가을이면 아주 바쁜 잠자리요정들이지만 친구들이 부를때면 언제든 달려갈거야.

너희들 잠자리 참 좋아하더라.

이렇게 우리가 사는 숲요정마을은 언제나 꿈과 환상이 넘쳐!
우리 숲요정들은 웃음과 행복, 희망과 즐거움을 너희들에게 보내고 싶어
그것이 우리가 하는 일이고 즐거움이야.

너희들 유치원같이 숲요정마을에도 숲요정유치원이 있는데.
그곳엔 더 많은 요정들이 함께하고 있단다.
그럼 다른 숲요정들도 만나러 가봐. 너희들을 기다리고 있을거야.
친구들아! 숲에 자주 놀러와
또보자!

잠자는 숲속나라의 아침을 깨우고
나무숲 사이로 햇살이 내리쬐어 이제 막 꿈과 환상이 펼쳐지고
어디선가 바스락 움직임이 보여진다면
그들은 다름아닌 숲속의 작은요정들일 것이다.
그들은 아름다운 숲을 만들어 나간다,

냥이의 호기심

숲속에서 들려오는 자연의 청량한 소리를 집중해서 귀기울여보자.
풀벌레소리, 바람소리, 새소리, 물소리... 자연의 노랫소리를.

어디서 나는 노랫소리지? 냥이는 호기심에 가까이 가 보았지

그곳엔 하얀날개 달린 요정합창단이 아름다운 음악을 들려주고 있었네

너무 깜짝 놀란 아빠 엄마새

숲속의 살아있는 모든 동식물들은 서로가 조화로움을 이루며 살아가고 있다.
자연과의 조화속에서 타인과 나의 조화를 배우게 한다.

따사로운 햇살이 비추는 5월의 어느날 이야기야.

행복해 보이는 부부새 한쌍은 아담하고 포근한 둥지에서 살고 있었지

어느날 부부새는 사랑스런 아기새알을 낳았어.

그동안 아빠 엄마가 되고 싶은 부부새는 아가새가 태어나면 따뜻하고 포근한 잠자리를 해주느라고 부지런히 풀잎,이끼 등을 물어와 예쁜둥지에 아기요람도 만들었어

그러던 오늘 드디어 아기새알이 탄생되었어. 그런데...

아빠 엄마새는 둥지를 들여다 보고는 너무 감짝 놀랐지.

"아니! 이런일이..." 아빠새는 소리쳤고

"뭔가 잘못된 것 같아요" 엄마새는 들여다 보고 또 들여다보고 있었어.

아빠새는 동그란눈을 더 크게 뜨고 입을 다물지 못했지.

엄마새는 믿기가 어려운 듯 무엇이 잘못되었는지 너무 황당해 했어.

아기새 둥지에 무슨일이 벌어진거야? 궁금해서 들여다 보기로 했어.
엉! 믿을 수 없는 일이네....

우리 아가새알은 뽀얗고 예쁜알인데 까무잡잡한 저 알은 누구지?? 누굴까?
훗날... 부부새는 그들에게 내려준 예쁜 네 마리의 아기새들을 예쁘게
정성스럽게 키웠어. 깜순이 아기새와 같이...

숲요정 걸그룹

자연물을 주의 깊게 살펴봄으로써 관찰력과 주의 집중력등을 키우는데 효과적인 수단이라고 한다. 자연물 놀잇감이 주는 흥미로움은 자연과의 대화를 나눈다.

들판엔 별꽃, 애기똥풀 그리고 푸른잎들이 숲을 이루어 아름다운 풍경을 만들고 있었어.

그러던 그때 어디선가 바스락 바스락 움직임이 보이고...

그리고 노랫소리가 들리는 듯 해서 그소리를 따라 살금살금 가 보기로 했는데,

어? 저게 뭐지?

숲의 요정들인가 보다..

그들이 무얼하고 있는지 가까이 가보기로 하자.

와! 숲요정들이었네 그들은 무대위에서 신나게 춤도 추고
아름다운 노래로 부르며 예쁘기까지 했어. 신기하다... 숲요정들이 누구를
위하여 이 아름다운 노래를 부르며 춤을 추는걸까?

더 가까이 가서 볼까?
예쁜 숲요정 걸그룹 같다,

숲요정 걸그룹은 숲의 아름다움을 만들어 주는 모든 자연의 요정인 나무, 풀, 꽃, 바람, 물, 벌레 등 이 숲의 모든 동물들에게 감사하다는 뜻으로 춤과 노래로 선물을 준다면 공연을 하고 있었대.

너무 신나지 않니?

솔방울요정 친구들-1

숲의 다양한 자연물 소재들을 관찰하고 탐구하다보면 상상력과 발명능력과 창의성이 향상되며, 자연 요소가 풍부한 곳에서 경이감과 신비함을 더 깊이 느낀다고 한다.

5 어린이날 · 입하
6 석가탄신
12
13

솔방울요정 친구들-2

저마다의 상상력과 창의력을 발휘해 투박한 자연물도 형형색색의 장난감 못지 않은 놀잇감으로 탄생시킨다.

Love

솔방울, 열매 활용

숲에서 흔히 볼 수 있는 자연물은 모양과 질감, 소리, 향기가 모두 제각각이어서 우리들의 오감을 자극한다. 우리의 숨겨진 창작놀이 본능을 자극해보자.

2012
JANUA
SUN

나의 솔방울 이야기

숲의 모든 것들은 상상의 발원지이다. 숲, 들판, 개울, 산에 자연의 재료가 널려있고, 그 만큼의 상상력을 발휘할 가능성은 커지는 것이다.

솔방울을 구하기 위해 소나무밑을 어슬렁 거리며 솔방울을 주워담는다.
그러다 보니 소나무 밑에 씨앗심지 같은 것들이 떨어져 있는데 그것이 설치류들이 솔방울을 까먹고 남겨놓은 솔방울 심지인 것이다. 나중에 안 것이지만 그 심지가 나무마다 크기도 다르고 장소도 다르다. 여하튼 이렇게 해서 솔방울요정들이 만들어 진 계기가 된 것이다.
스트로브잣방울도 즐겨쓰는 재료인데 10월경에 공원의 스토로브잣나무숲에서 스트로브잣방울을 한자루씩 주어 담아 오기도 한다. 항상 길가에서 누군가 내게 묻는다 무엇에 쓰느냐고...내 모습이 궁금했나 보다.

솔방울 심지를 줍기위해 이나무 저나무 기웃거리기도 하고 그러다 보면 더 많은 또다른 자연물이 보인다. 잣방울과 잣방울속심, 도토리각두, 헌 나뭇가지,바닥에 떨어진 온갖씨들..낙엽들.
점점 상상의 폭이 넓어지니 주워들이는 종류가 많아지며 저마다 사연도 함께 담겨지는데 같은 자연물들이라해도 내게는 하나 하나 새롭게 느껴진다.

계곡물에 쓸려서 깍여버려 쓸모없을 것만 같은 나무조각들도 욕심이 생기고 겨우내 집을 삼아 살고 있던 나방애벌레 집도 주워오고, 겨우내 대롱대롱 매달린 말라버린 열매들이며, 한 해쓰고 버린 벌집, 자동차에 깔려 납작해진 멋진 칡줄기, 가을에 흐드러지게 핀 갈대, 다람쥐들이 먹고난 두 조각난 잣껍질, 말라버린 풀뿌리, 계곡물가에 겨우내내 수서곤충이 먹고 입맥만 남긴 아름다운 나뭇잎 등..
길에서 줍고, 숲에서 줍고, 땅바닥을 눈으로 훑고 다니며 쓸모없고 버릴것만 같은 재료들...같아 보이지만 내눈엔 운이 좋아서 만난 멋진 자연물재료들이다.
가끔 지인들이 상자에 하나가득 자연물을 담아다 준는데 아주 멀리 여행갔다 일부러 주어다 주는 그 정성이 나를 감동시킨다.
숲의 모든 자연물들은 내게 있어선 상상속그림에 쓰여질 이유가 있고 제 쓰임새가 정해져 있어, 새로운 숲의 생명을 불어넣는 훌륭한 재료로써 그 어느것 하나도 소홀히 할 수 없는 보물들인 것이다.
다만 아쉬운 것은 내가 강원도에 살고 있는지라 저 멀리 남쪽나라 열매들을 잘 볼 수 없다는 것이다. 늘 궁금하다.

어쨌든 많은 숲의 자연물을 통해 자라나는 아이들에게 구석 구석 자연의 아름다움을 심어주고 자주 접하게 하여, 숲이 주는 모든 자연물에 대한 새로운 인식과 정서함양에 도움을 주고, 더 나아가 상상속 그림에 꿈과 환상을 심어주고 싶은 맘이 제일 크다고 하겠다.

숲의 모든 자연물을 즐겨쓰며 보물처럼 여기는 재료이지만 너무 많아 이 책 내용에 나오는 숲요정들의 재료로 쓰여진 것들로 몇가지 간추려 사진과 함께 이야기로 소개한다.

멋진 나무모양으로 보이는 버섯, 나방번데기집, 어린잣방울, 길가에 차들이 밟아 폭신해진 칡뿌리, 예쁜 말냉이줄기까지 내 맘엔 이미 상상의 그림이 그려진다.

가을철 열매들이 익어갈 무렵이면 때를 놓치지 않고 주워오는것들 연밥, 스트로브잣방울은 눈과 비를 맞지 않은 그해 떨어진 것이어야 예쁘고, 길가의 갈대는 너무 흐드러지게 피기전에 것이 좋다. 이러한 것들을 상자에 모아 담아 두면 몇해를 거쳐도 그대로 있어 좋다. 참죽나무열매는 정말 예쁜 꽃모양을 하고 있어 두고두고 즐길 것이다.

바닷가에서 예쁜 조개껍데기와 돌맹이를 주어왔는데 아직 활용 안한것이지만 상상의 작품에 들어갈 예정이다. 마른풀뿌리가 큰 것을 보니 요정집의 나무로 좋을 것 같고. 인형의 얼굴로 쓸 은행알은 크기별로 모아두었다. 도토리 각두도 종류별로 크기별로 모아두면 유용하게 쓰인다.

섬세한 가지를 표현하는데 좋은 청가시덩굴 덩굴손, 솔방울도 나무종류에 따라 크기가 천차만별로 반송에서 아주 작은 솔방울을 볼 수 있다. 참나무 가지에 만들어진 충령 또한 예쁜 모양을 하고, 비바람을 맞아 오래되어 멋스러움을 느끼는 세월에 깍여버린 나무토막 등 열거할 수 없을 정도로 많은 숲의 자연물들이 필요한 이유가 참으로 많다.

반짝거리는 솔방울과 열매를 아이들은 참 좋아한다.

해서 아크릴물감, 반짝이가루등을 이용하다가 반짝이 매니큐어를 생각해냈다.

예쁘기도 하고 사용하는데 편리하고 무엇보다도 코팅효과가 있어 자연물이 오래 보존하는데 효과적으로, 모든 자연물에 재미를 더하기 위해 즐겨쓰는 반짝이펄 매니큐어이다. 아주 흥미로운 생각인 것 같다.

올해는 솔방울 주어 모아 아이들과 함께 크리스마스트리 장식을 함께 만들어 보자.

어떻게 만들었을까?

자연물과 자녀 그리고 부모와의 놀이관계를 맺는 것이 최고의 교육이라 생각한다.
이렇게 만들어진 결과물은 다른 사람에게는 비길 수 없는 나만의 가치를 지니게 된다.

1) 솔방울 요정

우리 친구들! 엄마와 함께 나를 만들어 봐 엄마가 도와주시면 어렵지 않아 숲이나 공원에 가서 마른풀, 솔방울, 나뭇가지등 주어오면 되는데 꽃을 꺽거나 나뭇가지를 부러뜨리거나 나뭇잎을 마구 뜯을 필요 없어. 그냥 숲속 바닥에 떨어진거 주어오면 될 거야 엄마가 더 재미 있어 하실 것 같아.

솔방울, 도토리각두, 은행알, 솔방울 심지, 낙엽종류, 마끈 그리고 전지가위,글루건등이 필요하다. 몸통과 머리 모형이 되는 재료들은 몸과 머리의 비율에 맞는 크기로 골라서 준비하고 요정의 날개로는 단풍잎, 갈대 등 마른잎이면 되는데

솔방울은 전지가위를 이용하여 반으로 잘라놓고 도토리각두에 은행알을 붙여 머리모형을 만든 후 마끈은 사진과 같이 매듭을 지어 놓으면 돼.

매듭진 마끈은 글루건으로 얼굴 이마 부분에 해당되는 부분에 반쪽씩 앞머리를 붙이고 나머지반을 뒷머리 부분에 붙여준다. 솔방울 몸통의 목 부분에 완성된 얼굴을 붙이고 몸통의 어깨 부분에 솔방울심지 팔을 붙여 준다.

솔방울몸통이 완성되면 뒷면에 낙엽 등으로 붙여 날개를 표현하고 네임펜으로 눈도 이때 그리면 좋겠어.

나무판이나 재활용액자, 이끼약간, 장식으로 덧붙일 각종 자연물을 붙여서 솔방울요정을 완성하면 되는데, 먼저 이끼 또는 단풍잎말린것등을 먼저 바닥에 붙여야 색깔이 산뜻해서 요정이 예쁘게 표현되지. 그리고 그 가운데 솔방울요정 뒷부분에 글루건을 사용해서 나무판가운데 눌러 붙여주고, 갈대나 새털등을 이용해 날개 장식을 더 하고 나무꽃비즈를 요정의 손에 들려주면 되는데, 우리친구들은 또 다른 자연물을 이용해서 더 예쁜 요정들을 만들어 보면 좋을 것 같아. 상상속 숲요정들을 ...

2) 스트로브잣방울요정

공원에 가면 흔하게 볼 수 있는 스트로브잣나무들이 많이 있는데 소나무는 솔방울을 만들고, 잣나무는 잣방울을, 스트로브잣나무는 스트로브잣방울울 만들어 내. 이제 구분할 수 있겠지? 꼭 한번 비교해봐. 나무에 대해서 많이 알게될꺼야. 나는 스트로브잣방울요정인데 하늘을 나는 연습을 하고 있어. 내가 날기전에 나를 한번 엄마와 함께 만들어 보기 바래.

재료는 스트로브잣방울,도토리각두,은행알,낙엽,마끈,지끈,나뭇가지 여기서 나뭇잎은 가을에 예쁜단풍 말린 것이나 낙엽등을 사용해야해

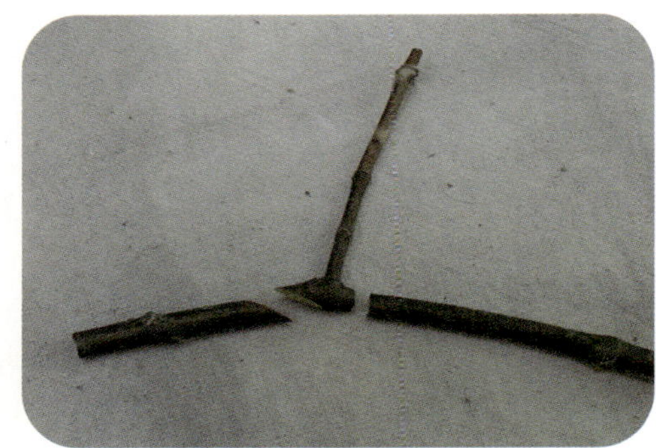

TIP 망토와 모자로 쓰여질 단풍잎은 부서지기 쉬우므로 낙엽뒷면에 목공풀을 칠해 코팅의 효과를 주어 투명해질때까지 말려서 쓴다면 조금은 부서짐을 방지하고 동그랗게 잘 말아지지. 요정의 발로 쓰여질 나뭇가지는 다리와 발을 따로 준비하지 않고 사진과 같이 나뭇가지를 잘라 다리와 발이 함께 표현되도록 하면 돼

머리모형은 솔방울 인형과 같은 방법으로 하여 머리모형을 만든 뒤 목공풀로 말린 낙엽을 고깔모자처럼 동그랗게 붙여서 예쁜 모자를 만들어 손으로 살짝 눌러 자연스럽게 모자모양을 만드는데, 넘 귀엽지? 네임펜등으로 눈도 그려줘.

스트로브잣방울을 전지가위로 반으로 잘라 요정의 몸통으로 쓰며, 위에서 만들어 두었던 머리모형과 팔로 쓰는 지끈을 사진과 같이 붙여주고

옆에 사진처럼 다리와 발모양으로 잘라논 나뭇가지를 스트로브잣방울 몸통 밑에 글루건을 넉넉히 이용해서 다리를 붙여주는데 글루건이 굳을 때쯤 다리형태를 잡아주고,

몸통옆 비스듬히 낙엽망토를 붙이고 긴 나뭇가지 끝에 갈대,마끈 등 빗자루술로 표현할 수 있는 자연물을 붙여 빗자루를 만들어 팔과 발, 몸통등 빗자루가지가 닿는 부분에 글로건을 살짝 묻혀 빗자루를 붙이고.

솔방울요정과 같은 방법으로 나무판이나 액자등에 몸을 고정시켜 붙이고, 이끼 목도리로 글루건이 보이는 것을 가리고 청가시덩굴등 자연물로 예쁘게 장식을 붙여주면 돼.
엄마와 함께하니 어때 어렵지 않지?

3) 곰돌이인형

옹기종기 시끌시끌..우리는 곧 헤어질 곰돌이친구들이야. 곰돌이들이 저마다 여행갈 준비를 한다. 어떤 곰돌이는 서울에 사는 친구에게 또 어떤 곰돌이는 강원도로, 또 옆에 있는 곰돌이는 서울로... 친구들 가슴에 우리 곰돌이 인형을 달고 함께 먼 여행을 갈거야.

우리 곰돌이들은 만들기도 쉽고 예쁘기도 하지.

그럼 곰돌이요정을 많이 많이 만들어 보자.

솔방울 조금큰것과 작은 것, 졸참각두, 낙엽송방울심지, 잣껍질, 마끈, 산초열매등인데 재료라는 것들은 꼭 같을 필요는 없어. 자연물을 많이 주어 모아 놓으면 그속에서 눈도 보이고, 귀도 보이고, 자기가 원하는 재료를 쓰면 되겠지.

솔방울 큰것은 몸으로 작은것은 얼굴로 서로 글루건을 가지고 붙여놓고 곰돌이코는 도토리각두로 귀는 잣껍질로 붙이면 돼.
사진속의 잣껍질은 정말로 다람쥐들이 잣을 까먹고 그 자리에 소복히 쌓아 놓고 가는데, 숲을 잘 살펴보면 잣껍질 남기고간 곳이 많아서 쉽게 구할수 있어.

이제 눈은 크기가 적당한 까만 산초 열매가 있으면 좋지만 없으면 펜으로 그려도 돼. 집에서는 까만 곡식중에서도 쓸 수 있겠지.
상상을 하면 주변에 모든 것이 다 있어.

4) 작은요정들

우리들은 너희들 손가락 크기 만큼 작은 요정들이야.
그래도 요정은 요정이란다.
앞에서 만들어 보았으니 우리는 사진만 봐도 만들 것 같아.
만드는 순서는 솔방울요정,
스트로브잣방울요정 언니들 하고 같으니깐.

마지막으로 너희들에게 부탁하고 싶은것은 숲이나 공원에서 우리요정을 만든다고 나무를 마구 자르고, 꽃을 함부로 꺾고 그러면 안돼. 우리는 떼구르르 땅에 굴러 떨어져 있거나 더 이상 자라지 않는 자연물들이야, 그러나 우리는 너희들 손에 의해서 이렇게 다시 태어날 수 있어. 앞으로 우리 자연물들을 더 많이 사랑하고 관심을 가져주길바래.

Ⅱ

상상프로젝트

단풍요정

단풍요정 스토리

자연의 단풍색을 이용한 fantastic designs으로 꿈과 환상을 심어주는 감성의 치유를 꾀하고, 정서영역을 높여주기 위하여 서정적이면서 감성적인 표현방식으로 상상의 기회를 부여하자.

안녕! 반가워. 나는야 단풍요정.

엄마가 만들어준 예쁜 단풍잎옷 입고 숲요정유치원 입학식 간다. 물봉선 모자쓰고 벚꽃 레이스치마입고 나뭇잎 꽃구두 신었어.

숲요정유치원에 가면 친구들을 많이 만날 수 있는데 선생님말씀 잘듣고 친구들과 사이좋게 지낼거야 우리 단풍요정들이 무얼하는지 알고 싶지? 그럼 우리 단풍요정유치원 친구들을 소개할께.

우리는 아가를 데려다 주는 단풍요정친구들이야 너희들도 그렇게 태어났어. 숲요정들이 아가를 나뭇잎 보자기에 싸서 너희 엄마 아빠께 데려다 주지.
아가의 탄생 소식을 알리는것도 우리가 해야할 일이야. 그러면 모든 가족들이 기뻐한단다.

우리들은 짝꿍요정.

친구들과 사이좋게 잘 지내라고 너희들에게 마법을 건단다.

너희들 앞으로도 계속 친구들과 사이좋게 사랑하며 지내도록 해.

알았지?

눈 내리는 겨울이 오면 내가 제일 바쁘고 멀리 멀리 여행도 간단다. 난 바로 겨울 단풍요정이야. 난 예쁜봉투에 담겨서 너희들에게 전하는데 내가 하는 말 들어본 적 있지? 새해 복 많이 받으라고… 건강하라고…

우리는 꼬마 단풍요정들이야. 아직은 어리지만 언니 오빠요정들처럼 너희들에게 사랑을 심어주는 일을 배우고 있어. 꿈도 주고 희망도 주고...앞으로 우리를 자주 만나게 될걸?

단풍요정 친구들

한낱 자연물에 지나지 않던 오색찬란한 단풍잎들이 나의 놀잇감 재료가 되어 세상에 하나 밖에 없는 가장 소중한 그 가치를 부여받게 되는 것이다.

Merry Christmas
Happy New Year

Merry Christmas
Happy New Year

Merry Christmas
Happy New Year

Merry Christmas
Happy New Year

Nature-Craft.co.kr

2013
Happy New Year

2013
Happy New Year

2013
Happy New Year

2013
Happy New Year

2013
Happy New Year

Happy
New Year

선보넷 단풍인형

색채의 미학, 컬러의 패턴, 칼라브렌딩등 이 모든 말들이 무색하지 않을 정도로 자연의 단풍색채는 색과 형태를 통한 감정의 이완과 통합이다.

단풍잎 입체동화 스토리

단풍잎으로 자연물 창작 동화교구를 만들어 시연을 해보자. 흴링토크로 위대한 스토리텔러가 되기를 바라며...

엄마와 아이가 함께 동화책을 꾸며보자. 가을이면 엄마와 아이들과 함께 숲이나 공원에 예쁜단풍 구경나가 주어 모아서 직접 책갈피에 말려두고, 자기가 말린 단풍일으로 동화책을 직접 만들며 스토리를 엮어 이야기를 하도록 해보자.

생각하고 있는 그림을 말린단풍잎을 오려붙여(이때 풀을 사용치 않고 정전기를 이용하여 코팅지 사이에 끼워 코팅하면 된다.)코팅을 한 후, 밑그림위에 덧대어 놓고 이야기 엮어내고 다시 계속해서 그 위에 다시 덧대는 방법으로, 그림들이 투명해서 겹쳐지는 효과를 이용하여 그림을 완성하는 것인데, 글씨는 쓰지않고 각자 다른 생각으로 상상의 글을 엮어내게 하면 된다.

준비물은 코팅지,단풍잎,도화지(바탕),가위 등

밑그림과 단풍잎으로 코팅된 그림들

코팅된 그림은
한 장면에 3~4장까지
가능하고

코팅된 그림을
밑그림에 한 장 한 장 덧대어
이야기를 꾸며도 좋고

화일를 이용하여
책갈피 넘기듯 해도
좋을 듯 하지

봄, 여름, 가을, 겨울 이야기

추운겨울을 지낸 나무들은 너무 추워서 숲요정에게 부탁을 했어요.
어서 빨리 봄이와 꽃을 피워주고 푸른 잎이나게 해달라고 ...

머지않아 봄이 찾아와 나무와 들판에 꽃이 가득 피니 엄마나비, 아빠나비도 찾아와 사랑을 하고 개골개골 개구리도 노래를 하지요.

곧 여름이 왔어요.

여름의 나뭇잎이 푸르르기도 하지요. 그리고 여름날씨는 변덕쟁이.

해가 쨍쨍하다가도 소나기가 쏟아지네요. 비가와도 상관 없다는 듯 달팽이도, 여치도 비를 맞으며 노래를 부르고 새들도 함께 노래를 불러요.

쨍쨍 내리쬐던 여름 햇빛에 내 얼굴이 빨개지려나봐요.

점점 색이 변하는 나뭇잎들 그리고 열매들이 예쁘고 탐스럽게 익어가고 가을요

정들인 잠자리,다람쥐들이 너무 신이난 것 같아요.

그러더니 어느새 단풍잎이 한 장 두 장 땅에 떨어져 나뭇가지는 곧 가지만 앙상하게 남게 되었어요. 이제 곧 겨울을 지내려는 나무의 마음이 어떨지 생각해 볼까요? 그래도 다행인 것은 나무의 발은 떨어진 단풍잎으로 덮혀 따뜻하겠다...

숲속의 겨울밤

오들 오들 나무도 추운가보네요. 올빼미부부가 나뭇가지에 앉아 따뜻한 털로 나무에게 온기를 나눠주고 있지요. 그러나 나무가 벗어준 단풍잎들은 겨울잠을 자는 동물, 애벌레 등에게는 겨울을 따뜻하게 보낼 수 있는 이불이어서 얼마나 나무에게 고마운지 몰라요.

겨울밤 숲에 눈이 펑펑.

나무에게 흰옷도 입혀주고 숲에 이불을 덮어주네요.

이렇게 밤새 겨울숲은 눈의 요정들이 내리고 있었어요.

아침이 되자.

올빼미 머리위에는 눈왕관이 얹여 졌네요. 겨울잠을 자려고 꼭꼭 숨은 동물, 애벌레친구들은 눈 온지도 모르고 쿨쿨 잠이 잡니다.

단풍잎 활용

단풍잎의 색이 가지고 있는 고유의 파장으로 인체에 신호를 보내고 있다하는데,
아마 그 진동이 사람으로 하여금 편안하고 따뜻함등의 변화를 느끼도록 하는게 아닌가.

Happy
Christmas

Happy
Christmas
Happy
Christmas

Nature-Craft.co.kr
Nature-Craft.co.kr

謹賀新年
謹賀新年

나의 단풍이야기

숲의 모든 것들은 상상의 발원지이다. 산과 들에, 숲과 냇물에 자연의 재료가 널려있고, 그 만큼의 상상력을 발휘할 가능성은 커지는 것이다.

가을이면 숲속의 온갖 나무들이 빨강,노랑,갈색 등 단풍잎들로 아름답게 변한다. 그 색깔이 오묘해서 우리네 인간으로는 표현할 수 없을 정도로 아름답고 신비한 색을 연출하는데, 오래전부터 이 예쁜 오색찬란한 단풍잎을 색종이처럼 가위로 오려 쓸 수 없을까 하다 생각해낸 것이 단풍잎스티커, 단풍잎색종이, 단풍잎가루 등 지금의 단풍요정들이 탄생되었다고 본다.

이젠 내가 원하는 단풍의 색깔톤, 모양, 잎재질, 두께, 크기 등 들판과 숲을 뒤적뒤적 하고 단풍잎을 고르는데, 예를 들어 우리가 흔히 볼 수 있는 쑥잎의 가을색깔도 다 똑같은게 아니다. 오묘한 색깔이 투톤으로 물든것들이 내눈에 쏙 들어온다. 잎 뒷면은 뽀샤시한 솜털까지 있다.
나무잎도 햇빛이 닿은곳과 그늘진부분 등 한 잎에 두가지의 칼라가 형성되고, 빨갛게 물든 화살나무잎이며 동글동글 홍자단나무잎, 멋진 브라운, 연두색, 노랗게 변해버린 길가에 풀잎등...
요정의 치마로 딱맞는 옷감인 분홍색 백당나무잎, 요정의 날개로 좋은 계곡물속의 수서곤충이 먹어치운 나뭇잎 등 모든 단풍잎이 어느새 목적에 맞는 소재로 상상하게 된다.
구멍난 잎, 벌레먹은 잎.. 정말 아름다운 자연이며 단풍잎 한잎 한잎 모두 단풍요정 인 것이다
이렇듯 내가 찾는 단풍잎을 찾아 다니다 보면 더 많은 것들이 눈에 들어오고 자연이 가슴에 들어온다. 그래서 아주 작은 풀잎단풍 한잎까지도 소홀히 할 수 없을뿐만 아니라 언제 어떻게 쓸지 모른다는 생각에 소중하게 보관한다. 가을이 있어서 행복한 시간들이다.
단풍잎 한잎 한잎 모두 내게 온 이유가 있고 사연이 있는 이야기를 담고 있다.
여기 아주 몇가지 사례의 나뭇잎을 소개하겠지만 누구라도 관심만 기울인다면 더 많은 멋진 단풍잎, 나뭇잎들이 수도 없이 많이 있다는 것을 알리고 싶고, 원하는 색깔의 단풍잎을 찾는 노하우를 알리고 숲속의 모든 단풍을 다 소개하지 못함을 아쉬워하면서, 단풍잎의 아름다운 가치와 자연을 좀더 가까이 접근할 수 있는 기회 모두를 올 가을 엄마와 아이랑, 모든이들이 함께 느껴보길 바란다.
올 가을, 책갈피에 멋진 단풍잎을 남겨보길...

아름다운 보랏빛 그라데이션형태의 좀작살나무 나뭇잎은 환상적이다.

매혹적인 빨간잎이 어느집앞에 있길래... 요정의 빨간모자 생각이 났다.

생각지도 못한 환상적인 잎이 되었다. 입맥만 남아 있는 레이스같은 잎으로 풀잎손수건 만들고 난 후의 칡잎인데 사랑스런 잎으로 아끼고 있다.

이렇게 국화잎하나에 오묘한 색깔의 단풍이.. 모든 국화잎이 그런 것은 아니다.
이 예쁜잎 구하러 어느 병원의 정원까지 걸어갔던 기억이 난다.

겹수국! 피어있을때도 아름다운데 말려 보아도 너무 예쁜 모습과 색깔로 요정의 부케꽃으로 사용하기로 했다.

수서곤충이 식사하고 난 후의 망사처럼 된 나뭇잎을 줍기위해 추운 겨울 계곡물가에 발이 저리도록 쪼그리고 앉아 물에서 건져 올렸다. 요정의 날개를 달아주는 상상을 하며....

당단풍 다 똑같은 색깔이 드나 싶었는데 곰보가 생긴 잎이 매력적으로 보였다. 단풍잎공작새의 깃털로 아주 예쁘게 될 것 같은 상상을 해 본다.

별모양 이것은 누리장꽃받침. 꽃이 지고 난 후에 꽃받침이 넘 예쁘고 아까워서 책갈피에 말렸더니 예쁜 빨간별이 되었다.

아끼는 잎... 좀작살나무 잎으로 양지마른 쪽 어린나무에서 너무예쁜 보랏빛 그리고 잎 가장자리에 투톤으로 칠해져 있는 이 색깔 때문에, 나는 다시 그곳을 몇 번이나 갔지만 아쉽게도 몇 잎이 안되는게 고작이었다.

참나무 잎에서 무지개 색깔이 난다. 어린 참나무에서 아름다운 단풍을 볼 수 있다.

들판의 모든 들플에서도 고운빛깔의 단풍을 볼 수 있는데 여뀌, 사초, 강아지풀 갈대 등 흔하게 볼 수 있는 들풀로써 자세히 들여다 보면 너무 아름다운 색깔의 잎들이다.

백당나무잎은 색깔도 예쁘고 질감도 도톰하고 잔털이 있어 따스한 느낌이나 솔방울요정의 모자나 외투로 쓸 생각이다.

고운 단풍을 한꺼번에 구경하고 갖고 싶다면 근처 공원이 좋다. 조경을 잘해 놓은 곳이면 단풍잎을 한자리에서 많이 만날 수 있는데, 유난히 분홍색잎과 거치가 아름다워서 욕심이 난 잎이다.

단풍이라 하여 잎이 클 필요없다. 다양한 크기와 색깔이 필요한데 나뭇가지가 있는채로 요정의 숲을 그리면 될 것이다.

손톱만큼 작은 잎들도 당연히 필요하다. 신발도 되고, 귀도 되고, 손도 된다.

연산홍,매발톱꽃의 작은 잎들도 내가 즐겨쓰는 단풍잎이다.

큰나무 사이에서 햇빛을 충분히 받지 못해서인지 투톤의 색이 뚜렷하다.

종종 특이하고 예쁜 나뭇잎을 원예종에서 얻는데 보기드문 분홍색잎을, 길가에서 애기똥풀의 잎이 투명하게 변한 것이 신기해서 그것도 말려본다.

요정의 팔과 다리로 애용하는 클로버 줄기를 비롯하여,

단풍잎에 하얀 물감과 은색매니큐어를 칠하고 반짝이 가루를 뿌려주는데 모든 자연물에 이 방법을 활용하면 아이들이 무척 좋아하는 반짝이 요정들이 될 것이다.

가을숲을 다시한번 느껴보자
더 멋진 단풍숲이 우리를 기다린다.

어떻게 만들었을까?

내가 만든 자연물을 작품을 감상함으로써 심리적, 정신적으로 행복물질이라 하는 '세로토닌'이 분비되어, 나아가 새로운 힘을 얻게 되는 것이 아닐까 한다.

1) 단풍잎요정 카드

준비물은 단풍잎, 카드지, 포토박스,
핸드코팅필름지

포토박스는 카드나 종이액자 등으로
사용하기 좋다.
다양한 크기와 색,형태등으로 작품의 완성도를
높혀주며 편리하여 즐겨쓰는 소재이다.

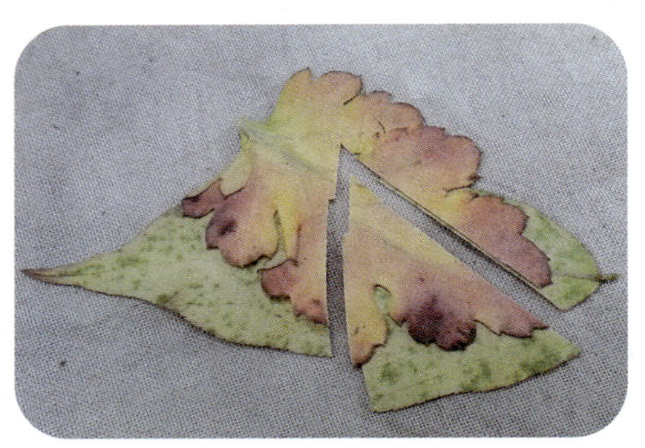

치마와 앞치마로 표현. 두장의 단풍잎을
겹쳐놓고 옷의 형태로 자른다.

얼굴과 모자로 쓸 나뭇잎을 사진과 같이
오려 옷과 같이 준비한다.

준비된 종이에 목공풀을 살짝 칠하고
옷모양의 단풍잎을 붙인다.
얼굴위에 머리를 표현할 잎을 붙인 후 모자를
붙인다.

날개용 단풍잎과
팔다리로 쓸 클로버 줄기를 끼워붙여 완성하며
네임펜으로 눈을 그려준다.

기본적으로 완성된 모양위에
신발모양의 단풍잎과 여러 가지 레시피로
독창적인 모양을 그린다.
핸드코팅필름으로 코팅후 가위로 오려서
종이박스에 끼워넣어 카드를 완성한다.

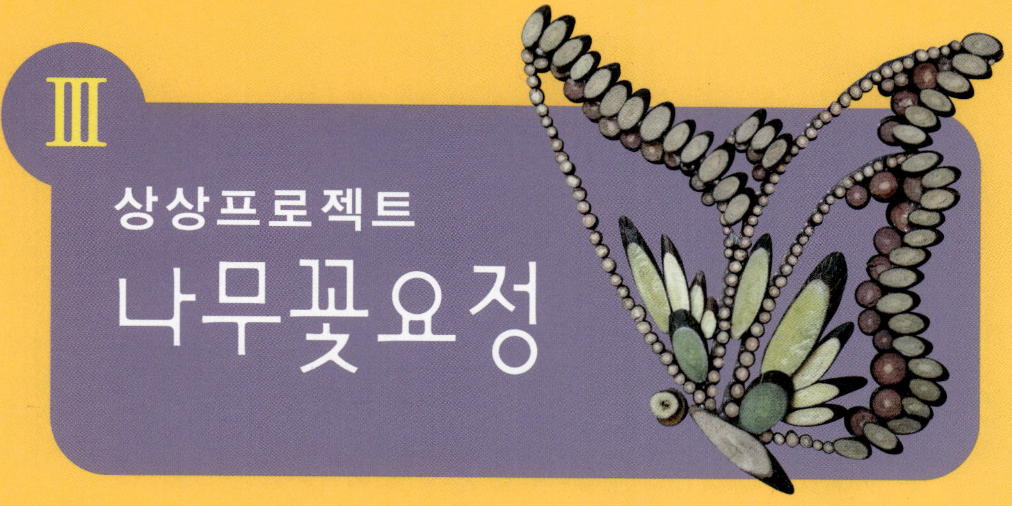

Ⅲ 상상프로젝트

나무꽃요정

나무꽃 스토리

'Well Being' 보다 '명상' 을, '명상' 보다는 '감사하는 마음' 을 갖는다는 것이 가장 큰 내마음의 치유 효과가 있다한다. 감사하는 마음을 담은 메시지를 만들어보자

숲속의 평범하고 소박한 나뭇가지였으나 지금은 꽃바구니에 소복히 담겨 새로운 주인을 만나러 가는 아름다운 꽃송이들입니다.

모든이들의 건강과 행복을 기원하며...이꽃을 당신께 드립니다.

당신이 곧 주인이십니다.

부모님께 감사드리고, 스승님께 감사드리고, 그간 고마운 분들께 감사드리고. 살면서 감사하고 은혜로운 분들을 우리네 인연속에서 만납니다. 그래서 정성스레 나무꽃다발을 만들어 그대에게 바칩니다.

집안이 달라졌어요.

어젯밤에 밤하늘에서 내린 별꽃을 우리집안에 풍성하게 담아놓았지요

노랑별꽃,분홍별꽃..

엄마랑 나랑 애써서 별을 주어 담아 놓았는데 영원히 시들지 않는 별꽃이길 바라며..

오늘밤 밤하늘엔 또다시 별꽃이 피어날거예요.

그 별꽃은 이웃에게 나눠 드릴래요.

마음껏...

금방이라도 커다란 꽃송이에 이슬 물방울이 뚝 떨어질것만 같은..
향기가 넘 진해 금방이라도 꿀을 찾는 벌이 윙윙 맴돌것만 같은..
넘 슬퍼서 꽃눈물이 맺혀 있는 것 같은...
창가에 놓고 바라보고 앉아 차한잔과 어울리면 좋을 듯한 탐스런 그대...나무꽃

나무꽃..
꽃내음 향기가 없다하지 마세요
그보다 더한
나를 보면 당신을 절로 웃음짓게 할 수 있는 미소의 향기가 그득합니다.

나무가 또다시 나무가 되었어요

창밖의 저 푸른 숲속에도 나무가 있고 우리집 정원에도 나무가 있고

내 맘속에도 튼튼하고 건강한 나무가 무럭 무럭 자라고 있답니다.

그것두 네 그루나...

이 세상 모둔 어린이들에게 심어주고 싶은...

이 세상 모든 생명들에게 뿌리고 싶은...

이 세상 모든 분들게 넘치게 나눠드리고 싶은... 사랑입니다.

나무꽃요정 친구들

꽃내리는 마음.. 실내의 풍요로움을 위해 자연을 집안으로 이끌자.
나무의 질감이 살아있는 내츄럴한 분위기로 심신의 안정을 취한다.

아직도 밝혀지지 않은 생명들

요정목걸이

나무목걸이는 자연물 놀잇감으로 이만한 것이 없는 것 같다.
집중력과 창의성이 높아지며 독창적인 나무 그림이 자신에게 어떤 긍정적인 영향을 미치는지 느껴보자.

나무꽃타일

자연물 소재는 어떠한 규칙도 필요없는 상상하는대로 창작력과 예술적 발달을 도와주는 매개체가 될 것이다. 나무꽃타일은 그 이상의 판타지를 만들 수 있다.

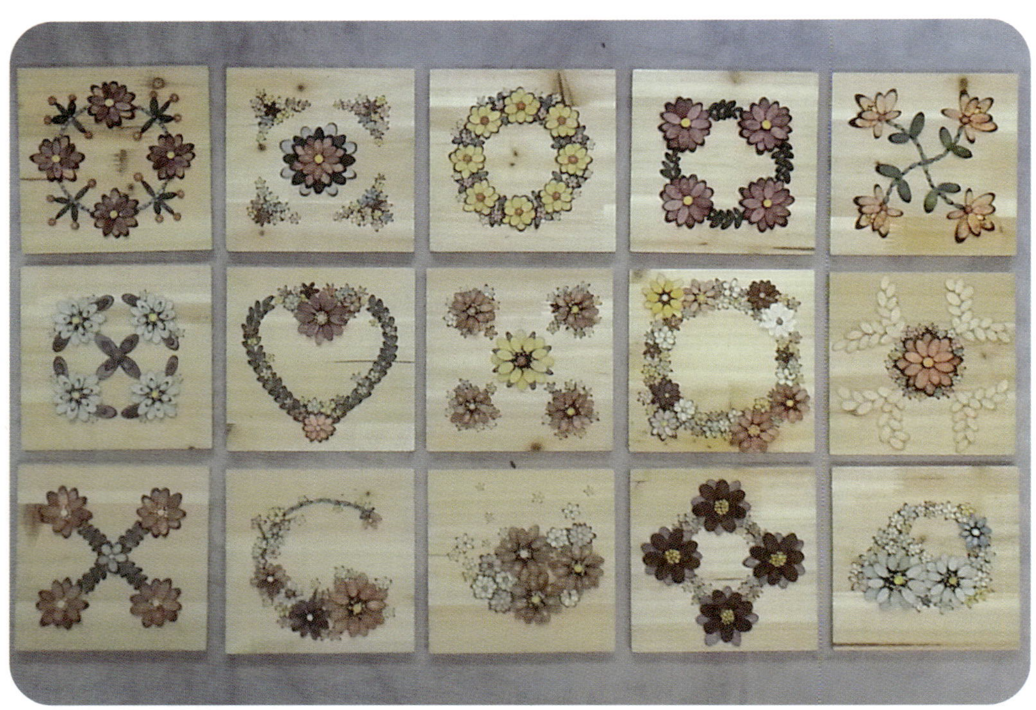

나무 소품 활용

자연물을 실생활에 밀접한 관점으로 흥미로움을 갖고 접한다면, 다양한 활용능력을 키우고 무언가를 창조하는데 더 가치를 둔다. 생활속에 자연을 끌어 들이자.

2013. 3.10
창이
2013. 3.10
창이

나의 나무꽃이야기

숲의 모든 것들은 상상의 발원지이다. 숲,들판,개울,산에 자연의 재료가 널려있고, 그 만큼의 상상력을 발휘할 가능성은 커지는 것이다.

나의 나무꽃사랑 이야기를 몇해전으로 거슬로 올라가 나무꽃으로 만들어 피어지기 까지의 이야기를 해본다.

마른 나뭇가지에 복사꽃이 만개하도록 무수히 많은 꽃을 만들게 되다보니 손쉬운 방법으로 '나무꽃비즈' 라는 것을 개발하기도 했고, 나무색 그대로의 나무조각도 참 멋있는 색이지만 여기에다 아이들이 좋아하는 색깔을 넣고자 수채화물감 풀어 염색도 해보고, 아크릴물감, 붓칠, 포도쥬스 같은 음료수에도 담가보고, 심지어 식용색소로도 염색을 해보기도 했으나 제일 자연스러운 색을 얻을 수 있는 것은 천연염색으로써 번거롭지만 가장 괜찮은 방법으로 어른, 아이 누구나 좋아하는 색깔나무가 되었다.
나무조각을 꼭 염색해야만 하는 것이 아니라 자연색 그대로의 나무조각 색깔도 더할 나위 없이 훌륭하다.

마른나뭇가지에 핀 나무복사꽃처럼 죽은나뭇가지에 나무꽃을 붙여 새로이 봄을 맞이한다.
나무집게에 나무꽃을 붙여 아이들에게 나눠주고 작은 나무꽃비즈가 점점 큰꽃송이로도 가능하게 되어 나무꽃코사지도 되고 재활용 꽃바구니에 담으

니 훌륭한 나무꽃바구니가 되고...

지금의 나무꽃코사지등 꽃다발이 만들어지게 된 계기는, 몇해 전 손님이 찾아오게 되어 이 손님께 이곳을 기억나게 할 수 있는 것이 무엇이 있을까 잠시 생각하다 나무꽃코사지를 만들어 양복깃에 꽂아 드렸는데. 그날 이후로 나무꽃코사지가 어버이날 카네이션이 되고, 스승의날 감사의 꽃다발이 되기도 하고 지인에게 선물하는 나무꽃바구니가 되고.. 그간 무수히 많은 사람들과 함께 나무꽃다발 만들기를 함께 했다.

나무꽃은 매화꽃도 되고, 연꽃이 되고, 양귀비꽃도 되고, 조팝꽃이 되고, 별꽃이 되고, 목련꽃이 된다. 이름모를 꽃도 만들어진다. 상상의 꽃, 나만의 꽃으로 탄생되어진다.

덩굴가지인 다래줄기,칡줄기, 포도줄기 등 그 나무선이 아름다워 즐겨쓰는 덩굴손을 가진 나무로 나무꽃과 함께 어울려 나무꽃액자를 만들었다.

처음부터 큰 작품을 하지 않는다. 같은 크기, 같은 소재, 같은 주제의 작품을 타일처럼 작은판에 각각 만들어 이것들을 한 작품으로 꾸미는 것이 내가 좋아하는 형태다.

그래야만 하다가 싫증이 나거나 했을 때도 하는 만큼 그대로 완성하면 되는 것이니 작품의 완성도가 높다. 그래서 붙여진 이름이 '나무꽃타일' 이라 했다.

가끔씩 아파트에 재활용수거함을 기웃 거리면 흔히 볼 수 있는 꽃바구니에 꽃이 시들어 버린 바구니와 액자등을 아까워서 주어와 활용하니, 이렇게 해서 나무꽃바구니와 나무꽃액자가 만들어 지는 것이다.

어떻게 만들었을까?

자연물 작품을 만들면서 느낌은 어떠했는지, 어떤 생각을 하였는지,
촉감은 어떠했는지, 무엇을 만든 것인지 질문하고 생각의 이야기를 나눠보자.

1) 나무꽃비즈

손쉽게 만들어 쓸수 있도록 '나무꽃비즈' 라고 개발하여 예쁜 이름을 붙여 주었다. 나무꽃비즈를 미리 만들어 두면 원하는 곳 어느곳에도 유용하게 쓰이며 만들기도 쉽고 모양 크기도 쓰임새도 다양하게 만들 수 있다.

나무의 소재들은 습기에 취약하여 나무의 습기를 제대로 말려서 쓰거나 여름철 장마철은 파란곰팡이가 생기기 쉬워 습기에는 약하므로 영구적인 소재는 못된다.

그러나 습기철에는 곰팡이 방지제라던가 가끔씩 헤어드라이, 제습기 등을 이용하여 습기를 제거해주면 비교적 보관이 잘된다.

손가락굴기의 나무를 7~8센치 잘라 준비하고 물이 담긴 컵이나 그릇에 담가 적신다.
나무의 물에 젖은 부분에 글루건이 굳어지면서 자연히 떨어지는 원리를 이용한것이며, 글루건이 굳기 전에 재빠르게 붙여야 하는 수고로움이 있다.
그러나 자연물공예나 나무공예, 악세사리등을 만들 때 나무꽃비즈를 미리 만들어 두면 시간이 절약된다.

나뭇가지를 물에서 꺼내 수건에 물기를 살짝 닦아내고 그 위에 콩알만큼 글루건을 쏜다.
굳기전에 준비된 꽃잎을 돌려가며 붙인다.

가운데 꽃심을 심어주고 굳은 다음 떼어내면 사진과 같다.

2) 나무꽃브로치

외출시 모자나 가슴에 꽂으면 타인들의 시선을 받는 것이 나무꽃브로치이다.

이런 재료를 준비하자
꽃잎으로 사용할 크기가 같은 나무조각,
꽃받침으로 쓸 10원짜리 동전크기의 나무판
꽃심용 나뭇가지와 꽃수술용 나무잔가지,
레시피용 푸른잎,
그 외 마른풀도 장식으로 보태면 좋다.

나무판의 글루건을 쏘고 꽃일과 꽃심을 붙인다음 사진과 같이 글루건을 꽃잎과 꽃심사이에 한번 더 돌려가며 쏜뒤 나머지 두 번째 꽃잎을 돌려가며 붙인다.

가운데 꽃심주변에 글루건을 살짝 쏘거나 피센으로 꽃수술을 집어 글루건을 묻혀서 붙인다. 꽃이 완성되면 나무집게나 프로치핀등에 붙인다.나무꽃비즈와 푸른나무잎을 보기좋게 돌려가며 장식한다.
푸른잎은 생잎으로 보관이 오래가지 않으니 마른풀잎등으로 장식해도 된다.

3) 나무꽃 카네이션

카네이션꽃을 보기만 해도 가슴이 짠한 것은 부모님이 떠오르기 때문이니 아마도 우리나라에만 있는 어버이날은 우리 민족의 감성적 문화이려니 싶다. 부모의 은혜를 나무꽃으로 대신할 수는 없지만 세상에 하나 밖에 없는 정성이 담긴 나무꽃카네이션은 돈 주고 사는 그 어느꽃보다도 값진 꽃으로 잠시나마 미소를 짓게 하지 않을까 한다.

나무꽃카네이션 만들기에 도전해보자

내가 직접 만들어 보는 나무꽃카네이션으로 어버이날 색다르게 보내기를 바라며 다만, 시간이 지나면서 푸른잎이 마르는 단점이 있다. 그러므로 보관하는 방법은 물병에 꽂으면 안되고 빈병에 꽂아두고 그대로 두어 꽃과 함께 그대로 말리면 오래도록 즐길 수 있음이다. 푸른잎만 떼어서 새로운 푸른잎으로 바꾸면 언제든지 재활용할 수 있다.

재료는 꽃잎용나무조각,
꽃심,나무꽃비즈 몇 개,
도토리각두,
꽃줄기용나뭇가지 (꽃숫자만큼),
고무줄, 지끈종류,
푸른나뭇잎

도토리각두를 꽃수만큼 손질하여 뒷면에 나뭇가지를 붙여 꽃대를 만든다.
도토리 안쪽으로는 꽃심을 붙여놓는다.

손에 나뭇가지를 들고 꽃심과 도토리각두 사이 빈공간에 글루건을 각두 반쪽에만 넉넉히 쏘고 꽃잎용 나무조각을 돌려가며 붙이되 35도 정도 세워서 붙인다.
이때 글루건을 각두높이 만큼 충분히 사용해야 한다.
반쪽을 붙였으면 나머지 반쪽도 같은 방법으로 글루건을 쏘고 꽃잎을 마져 붙여 꽃송이를 완성한다.

나무꽃을 5송이 정도 만들어 세워놓고

준비된 나무꽃비즈 또한 뒷면에 글루건을 조금 사용하여 나뭇가지에 붙여 꽃대를 완성하여 놓는다.

만든꽃들을 모두 모아 한손에 쥐고
푸른잎을 적당한 크기로 잘라 꽃과 함께
고무줄로 묶어 둔다

준비해둔 지끈은 미리 풀러서
테이프형태로 만들어 두고, 고무줄 부분에
글루건을 조금 묻힌다음 풀어논 지끈테이프로
고무줄이 보이지 않게 마감처리 한다.

마감된 지끈위에 또다른 지끈으로
리본을 묶어 완성.

완성된 모습

4) 나무염색

어느날 한 아이가 내게 물었다.

"나무 자르면 색깔이 이래요?"

오호 그거 기가막힌 괜찮은 상상이네.

정말 나무를 가위로 쏙닥쏙닥 자르면 빨강, 파랑, 노랑 무지개 색이 나오면 어떨까?

아이들의 상상을 빌려본다.

오배자, 쑥, 오디, 벚찌, 치자, 소목, 쪽, 락, 여러색깔의 꽃등 다양한 천연염색재료이거나 색깔이 나는 과일, 야채 혹은 수채화물감, 식용색소등 염색방법은 다양하다.

염색전 나무조각들을 잘 말린 후 염색제에다 담갔다가 건져서 말리면 되는데 말릴 때는 햇빛에 말리는 것이 아니라 그늘에다 말리거나 다뜻한 바닥에 신문지를 깔고 그 위에 충분히 말리면 된다.

염색제의 농도와 염색제물에 담가논 시간의 길이에 따라 색이 다양하게 나오니 한가지 색으로 여러색을 내보기로 하자.

IV

상상프로젝트

풀잎요정

풀잎요정 스토리

일상에서 얻어지는 자연물로 인하여 아름다운 날의 추억을 마음의 붓을 들어 그려보는 풀잎사색의 산책으로 감성힐링을 시작해보자.

지나간 여름날의 푸르른 숲을 기억하고 추억할 수 있는 흔적 남김은
풀잎요정들이 하는 일 일 것이다.
지난 여름날에 네가 한 일을 알고 있듯이 우리의 추억을 쌓이게 하고
지나간 일들에 대한 회상으로 되뇌이게 하고 싶다.
사랑과 용서와 배려로 아낌없이 주는 글로 덧칠하고 소중하게 간직할 수 있는
나만의 비밀정원이 될 수 있듯이 여기를 무엇으로 채울까..

도화지에 채색을 한 듯 고운빛 손수건은 풀잎그림들로 수를 놓아 제 갈길을 기다리고 있다.
마음의 붓을 들어 그림을 그리고, 소중한 이에게 마음의 선물을 담는 보자기로, 땀방울을 닦아주는 착한손수건으로, 아기의 요람에서 자연을 담아낸 포근한 이불로...
손수건의 한 장은 풀잎요정의 무한한 상상으로 새롭게 변신한다.

찻잔에 담긴 것은 꽃향기요

꽃향기를 받치고 있는 것은 풀잎향기.

지나가는 길손에게 드릴 것은 물 흐르고 꽃피는 자리, 새 울고, 바람있고,

발 담그기 좋은 자리… 그 자리

풀잎사랑은 끝이 없어요

사랑스런 나의 아이 풀잎내음 맡으며 풀잎베고 잠이들고,

보기만 해도 저절로 느껴지는 포근한 감촉의 풀잎곰돌이 인형은 아가들의 손길를 기다립니다.

노란손수건

할 말을 잊은 듯

할 일을 잊은 듯

그런 나날들...

그러나 결코 잊을 수 없는 그대들

그대들 모두 진정 천사요정들입니다...

풀잎손수건 다양한 활용

산림치유란 정체성만 있으면 모든 컨텐츠가 가능하다고 했다. 풀잎하나라는 훌륭한 힐링도구로 시작하여 이어지는 사고는 무한한 변신을 할 수 있다.

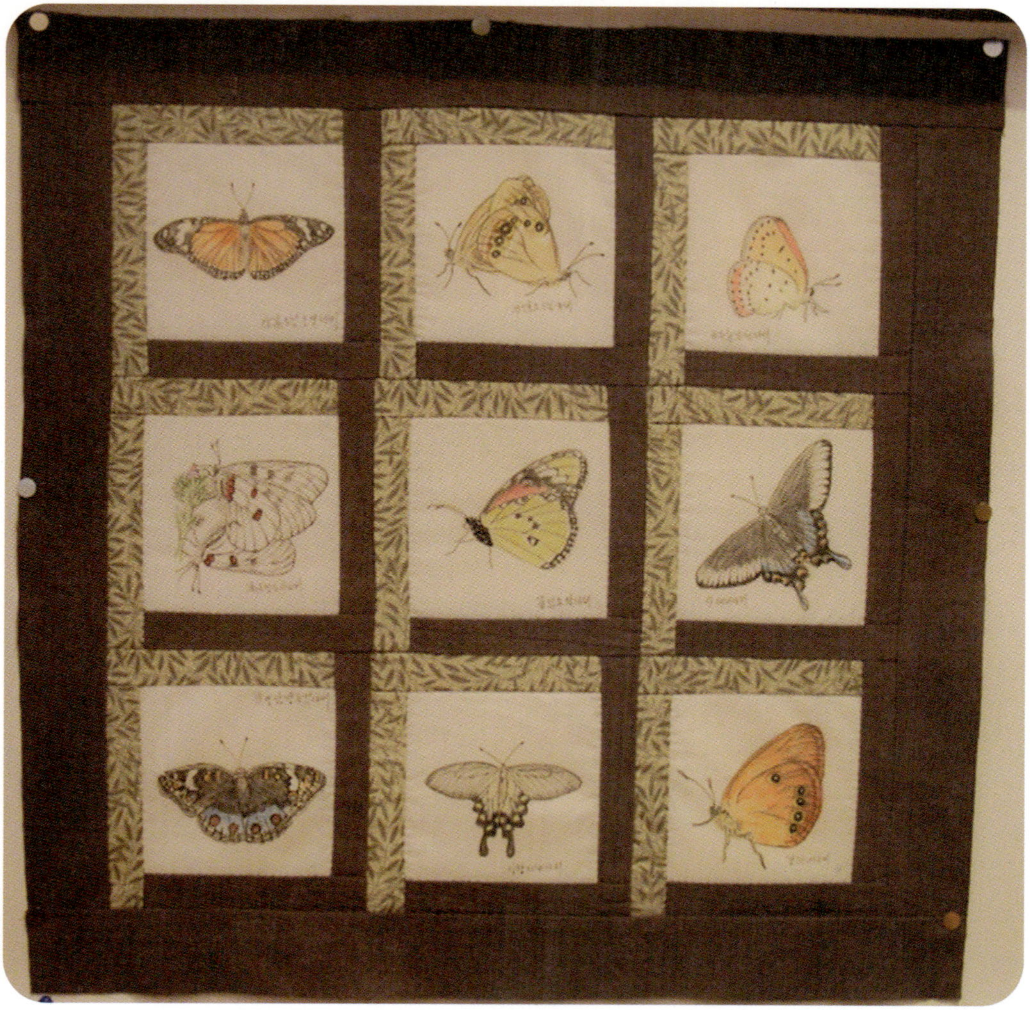

나의 풀잎이야기

상상만 하면 손수건 한 장도 무한한 활용이 된다는 것으로 이렇게 해서 풀잎요정들의 풀잎손수건이 시작되게 되었다.

하얀손수건

어느날 병아리 같은 유치원아이들이 휴양림으로 숲체험을 왔다.

말끼를 알아 듣는지 못 알아듣는지 생글생글 웃는아이들...

그야말로 살아있는 아기요정들이다.

자기이름만 겨우 쓴 손수건위에 풀잎을 올려 놓고 고무망치는 허공에서 맴돈다.

그렇게 어렵게 만든 풀잎손수건이 그대로 잊혀져 버리는 것이었다. 풀잎손수건이 아이들 안중에는 없는 것이다.

추억이 새겨지기도 전에..

이 살아있는 아기요정들에게 추억을 담아주자고 생각한 것이 바로 풀잎손수건으로써, 풀잎손수건으로 할 수 있는 모든 것을 상상해보자.

엄마의 도움을 받는다면 이 아기요정들이 가지고 온 손수건으로 무엇을 할 수 있을까?

휴양림에서 즐기는 풀잎손수건체험을 소중하고 가치있게 추억을 남기며 즐겨보자. 풀잎과 손수건이 만나 인형이 되고, 예쁜 아이 쿠션이 되고, 이불이 되고, 상상만 하면 손수건 한 장도 무한한 활용이 된다는 것으로 이렇게 해서 풀잎요정들의 풀잎손수건이 시작되게 되었다.

종이위에 풀잎을 놓고 고무망치로 두들겨 풀잎염색을 하거나 손수건위에 풀잎을 올려놓고 필름지로 덮어 고무망치로 두들겨 풀잎염색을 하거나 편리한대로 하면 된다.

같은 방법이지만 고무망치대신 동전으로 긁어도 풀잎손수건을 만들 수 있다.

풀잎으로 물들은 손수건은 쉽게 지워지지 않는데 여름날 풀잎들을 손수건에 담아 두었다가 필요할 때 천연염색하여 오는 손님 가는 손님 드리기도 하고, 겨울에 만나는 풀잎은 보기만 해도 풋풋하고 싱그러움에 기분이 절로 절로 좋아지는 것 같다.

풀잎손수건을 만든 후 염색하기전 깨끗이 세탁해 말린후

치자,황토,소목,쪽,황토,락 등 염색제와 매염제로 염색을 해서 말린다. 솔직히 말하면 옷감이 아니라서 염색하는데 좀 서툴면 어떨까. 그런대로 괜찮다.

염색제에 따라 색이 고운 풀잎손수건들이 만들어 지는데 세탁을 해도 지워지지 않는 네임펜 등 유성펜으로 글씨도 써보고, 기념일도 남겨보고, 편지도 써보고... 해서 하게된 것이 '손수건편지' 이다

앞으로도 아이들은 풀잎손수건 체험을 많이 할터인데... 그냥 버려지는 것들이 안타까워 이름,기념일 써서 제일 염색하기 쉬운 치자물로 라도 염색해서 남겨주면 어떨까 싶다. 자연에서 얻은 풀잎그림은 훗날 그 어떤 그림보다 아련한 추억을 더 할 것같은 생각이 든다.

어떻게 만들었을까?

아이들은 숲의 자연물에서도 하트모양을 잘도 찾는다.
돌맹이, 나뭇잎…등. 땅에 박힌 돌맹이모양이 하트모양이라고 우기며 좋아한다.
그래서 바느질을 보태 하트를 만든다.

아이들은 하트모양을 참 좋아한다.

숲의 자연물도 하트모양을 잘도 찾는다. 돌맹이, 나뭇잎…등. 오늘도 숲속 땅에 박힌 돌맹이모양이 하트모양이라고 우기며 좋아한다.

그래서 아이가 지난번 체험장에서 풀잎손수건 만들어 온 것으로 하트모양 쿠션을 만들어 보기로 했다.

한땀 한땀 바느질을 더해 이렇게 예쁜 하트쿠션이 생겼다

방문앞에 걸어두고 이름도 써주고 해도 될 듯..

두꺼운 종이를 반으로 접어 하트모양으로 오린 후 염색한한 풀잎손수건에 본을 대고 그린 후 핀으로 고정한다. 솜이 들어갈 입구만 남기고 홈질로 바느질. 시접을 남긴 후 가위로 오린다.
뒤집어서 쿠션입구로 솜을 넣고 핀으로 고정한 후 바느질로 막는다.

테두리에 레이스로 장식하거나
이름 혹은 한줄 메모를 써 아이 방문에
걸어두면 좋을 듯하다.
솜을 대고 누비기까지 해보았다.

V

상상프로젝트

나뭇잎갤러리

나뭇잎조각과 잎맥 그림

발상의 전환을 통해 얻어지는 창작은 예기치 못한 특별함이 얻어진다.
자연의 호흡에서 창조적 영감을 얻는다.

나의 나뭇잎이야기

프레시한 녹색의 잎은 마음을 편안하게 진정시키는 색, 신진대사를 활발하게 하고 피로를 풀어 주는 엽록소가 풍부해 자연 치유력을 높인다' 고 한다.

나뭇잎은 사계절 늘 푸르름이 머물지 않아 언제 쓸지 모르는 그때를 위해 잘 말려둔다. 잎이 두꺼운 버즘나무, 목련, 참나무종류등을 말려 놓으면 늘 푸른잎을 쓸 수 있는데 생잎으로도 나뭇잎조각을 하지만 잘 말려둔 나뭇잎으로 조각그림도 새겨보고, 나뭇잎에 잎맥을 남기고 그림을 그리는 작업을 시도를 하고 있는 중이다.

오래전 중국 어디선가 할머니가 슥슥 나뭇잎을 칼로 오려 그림을 그리는 모습을 본 후 빠져버린 나의 나뭇잎사랑. 이 후 어느나라에선가 이름모를 작가가 잎맥만 남기는 나뭇잎그림은 나를 더욱 나뭇잎에 대한 애착을 심어주었다.

여하튼,

숲속 어느나무 아래서든 즉석에서 즐기는 나뭇잎공예를 생각하기로 하고 나무꽃 부케, 조릿대 풀잎공예,이름모를 들풀등 만든 들풀꽃다발등 아이들과 함께 즐겨 만들어 보기도 하였다.

말린 푸른잎들은 그냥 바라만 보아도 싱그러움이 그만이다.

- 숲속에서 즐기는 나무잎공예

나뭇잎꽃다발로 넓은잎, 나뭇가지, 꽃테이프재료가 필요하며 굳이 나뭇잎이 아니더라도 길가에 많은 풀잎들을 엮어서 만든 들풀꽃다발도 아름다운 꽃다발로 받는이의 즐거움이 환한 얼굴에서 보여준다.

참나무잎으로 만든 나뭇잎모자와 풀잎왕관을 쓰고 즐거워 하는 아이들의 모습은 숲속의 천사들인 것이다.

조릿대일 공예

많은 이들이 한번쯤 해봄직 했을 숲에서 즐기는 조릿대잎으로 만드는 조릿대잎배와 주로 종려나무잎으로 한다는 메뚜기모양을 조릿대잎으로 만들어 보았다.

조릿대잎이 있는 숲이라면 조릿대 풀잎공예가 가능하듯이 숲에서 쉽게 구할 수 있는 소재로써 현장에서 어려움 없이 즐길 수 있는 나뭇잎과 풀잎공예를 더 많이 연구하고 싶다.

상상프로젝트

산림치유 자연물활용 응용 프로그램

Nature Art Therapy crafts

프로그램 개요

자연을 접하며 자아를 발견하고 심신을 정화하는 다양한 활동을 통해
숲과 자연에 대한 소중함을 배우는 것은 물론, 새로운 사람을 사귀고 타인의
나의 조화를 이룸이다.

모든 연령의 대상자를 포함해 자연의 부산물인 소재를 활용해 숲속에서 활동할 수 있는 산림치유 프로그램의 일환으로, 자연물을 매체(놀잇감)로 하는 재미를 더한 자연물공예 미술치료놀이의 접근으로서, 특히 자라나는 어린 아이들이 자연에서 찾는 아름다운 심성과 인성을 키워 정신적, 육체적 건강하게 자라기를 진심으로 바라며,

내 방식대로의 자연과의 교감으로 자신을 표현하는 언어와 같은 의미를 숲속자연물공예 놀이 상호작용을 통해 모든이가 감성로드에 한걸음 더 나아가고, 자연에서의 오감체험이 자연과의 조화속에서 타인과 나의 조화를 배우게 함이 Nature Art-Therapy crafts 프로그램의 목적이라 할 수 있겠다.

꽃편지와 꽃다발

자연물을 이용한 아주 특별한 행복Dream. 정성을 담은 꽃편지는 서로에게 베푸는 사랑으로 치유의 동기를 부여한다.

마음의 붓을 들어 편지를 써보자. 산에 올라 써보는 세상에 하나밖에 없는 나만의 꽃편지 꾸며, 누군가에게 감사의 글과 때론 나에게 위로와 희망을 주는 진솔한 글을 담아가기로 해보자.

1) 꽃편지와 꽃다발

5월 가정의 달을 맞이하여 부모님께 혹은 스승님께 전하는 글과 나무꽃다발을 만들어 드리는 활동으로, 만드는이와 받는이 모두 다함께 즐거움과 행복을 준다.

가) 재료

나무꽃다발재료와 카드재료 (단풍잎이나 꽃누르미 재료)

나) 어버이날 활동사진

2) 풀잎꽃다발, 나무꽃캔들 그리고 꽃편지

서로에 대한 존재 가치에 대한 감사를 되새기며 부부의 정을 나누는 시간으로 꽃편지와 함께 하는 깊어가는 밤숲의 향연이다.
숲속의 밤에 서로에게 보내는 꽃편지와 함께 남자는 꽃다발, 여자는 캔들에 불을 밝혀 부붓로 한자리에 만나 사랑과 감사의 이야기를 나눈다.

가) 재료

풀잎꽃다발재료, 나무꽃비즈, 나무판, 푸른잎, 양초

나) 활동사진

노란손수건 편지

희망과 긍정의 에너지를 보내며 타인과 나의 정서도 공유하는 것은 우리의 미래를 밝고 희망차게 만들 것이다.

노란 손수건이 의미하는 것은 기다림과 용서이다. 참나무 가지마다 잎새처 럼 매달린 손수건 하나하나는 아내가 홀로 보낸 기다림의 날들이요,' 오랜 세월 기다리게 했을 망정 당신을 용서한다' 는 환영의 메시지이기도 하다. 기다림과 용서를 길어 올릴 수 있는 힘은 사랑으로부터 온다. 그리고 사랑은 기다림과 용서의 과정을 거치며 비로소 선연해진다. 사랑과 배신과 화해의 이야기를 통해 서로 다른 방식으로 사랑의 길을 찾아 가는 여정을 담아내고, 기다림과 용서로 비로소 완성되는 진정한 사랑의 가치를 되새길 수 있는 흥미롭고 감동적인 소설속 이야기이다.

봄이 올 무렵 프리지아.. 늘 봄을 그리워하는 봄의 상징.
노랑의 의미는 '그리움' 이다.
고귀한 품성, 지혜등을 상징, 금과 같은 컬러의 노랑은 '황금' 을 의미 운수대통으로 상징하기도 한다.

가) 준비물

흰손수건, 고무망치(혹은 동전), 네임펜, 치자열매, 작은병, 비닐팩, 신문지
숲속실외 진행시는 치자열매를 우려낸물을 작은 물병에 담고 비닐팩을 준비.

> 숲으로 가기전 진행자는 미리 작은 물병에 적당히 치자열매를 담아 뜨거운 물로 우려놓고 식힌다음, 흰손수건, 네임펜, 고무망치(혹은 동전), 신문지등의 준비물과 함께 가지고 간다.

나) 활동사진

새알과 새둥지 만들기

우리 인간에게 받아들여지는 동그란 현상에 대한 민감성은 생명체의 탄생에서부터 비롯된 결과라고 한다. 동그란 현상속에 내일을 위한 우화가 기다리고 있음을 느껴보자.

우리 인간에게 받아들여지는 동그란 현상에 대한 민감성은 생명체의 탄생에서부터 비롯된 결과라고 한다. 동그란 현상속에 생명체의 싹이 시작되는 곳으로 가장 안정적이고 고요속에서 우주의 규칙적인 리듬을 자연히 익히게 되는것이라는 것으로 사람들에게 주어지는 이 동그란 현상이 민감하게 반응을 보인답니다.

미술치료 활동의 한가지로 단풍잎을 첨가하여 동그란 새알을 만들고 더불어 자연물을 이용한 새둥지와 함께 만들어 본다.

가) 준비물

새알은 석고가루와 풍선,가위로 잘게 썰어 논 단풍잎가루를 준비하고, 새둥지는 칡줄기,풍선, 마른풀잎등 새둥지 재료를 준비.

- 새알만들기

석고가루를 걸죽하게 풀어놓은 후 단풍잎가루를 넣고 골고루 섞어 풍선안으로 흘려넣는다. 풍선에 바람을 알 크기정도로 조금만 불어넣고 입구를 묶어 양손으로 풍선을 살살 돌려 석고를 굳힌다. 다 굳으면 풍선을 떼어내면 된다.

- 새둥지만들기

풍선에 바람을 넣어 원하는 둥지크기만큼 불어 묶어 놓은 후 그 위로 둥지 입구가 되는곳은 남겨두고 칡줄기를 실타래 감듯이 감는다. 새둥지 크기가 완성되면 풍선을 터트려 꺼낸다.

나) 활동사진

약속나무(학교폭력예방 프로그램)

선생님, 친구, 교실, 학교숲 등 학교와 자신을 둘러싼 상황과 환경등 모든 구성원 요소들에게 사랑과 희망을 줄것을 약속나무로 다짐하여 보자.

본 프로그램은 숲속에서 찾는 인성교육을 중심으로 하고 있어 이런 사회적 문제를 예방하고 경감시키고 해결의 실마리를 찾는 것으로서 희망을 갖는다.

약속나무는 손수건에 손바닥그림을 나무로 형상화하여 선서의 의미를 상징적으로 부여하고, 풀잎으로 나뭇잎을 표현하여 풀잎손수건을 만든 후, 나의 친구들, 선생님들의 이름이나 별명을 써넣어, 이 모두를 사랑하고 행복하게 즐거운 학교생활을 할 것을 약속하는 다짐과 함께 모두 협동하여 나뭇잎으로 만드는 나뭇잎 꽃다발을 만들어 선생님께 드리는 내용으로, 학교, 선생님, 친구, 교실, 학교숲 등 학교와 자신을 둘러싼 상황과 환경등 모든 구성원 요소들에게 내가 그들을 행복케하고 사랑의 관심을 갖게끔 약속나무로 다짐하여 보는 활동이다.

1) 약속나무 풀잎손수건 만들기

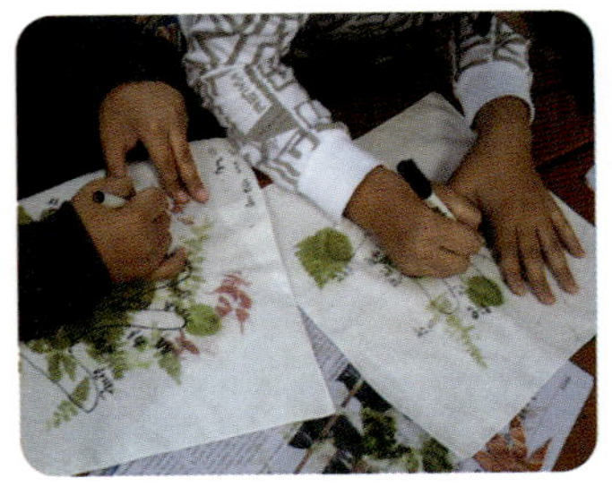

2) 선생님께 드리는 나뭇잎꽃다발

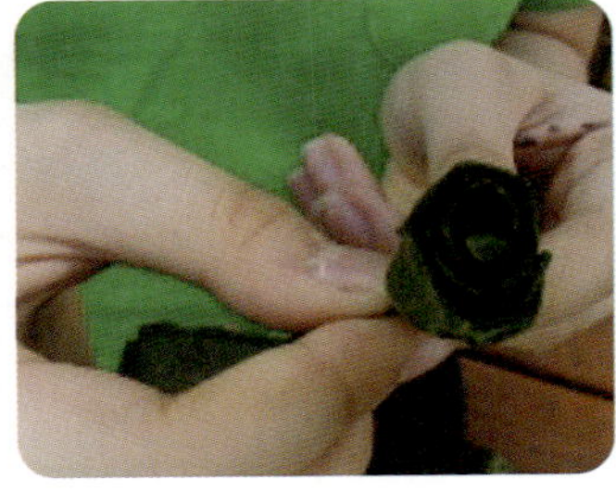

Tip | 게임

– 약속나무의 신기한 재판 : 천국으로 가는 티켓

① 우리는 약속나무로 숲과의 약속을 했는데 약속을 잘 지킨사람과 안지킨 사람이 서로 어떤 결과가 기다리고 있는지 재판을 해보자

② 우리가 지금 한 약속을 다 지켜보고 있는 숲이니 나뭇잎 한 장(넓은 잎)씩을 가

지고 오게 한다.(이것이 바로 천국으로 가는 티켓이다)

③ 티켓은 사각모양이니 가위로 나뭇잎을 직사각형모양으로 자른다

④ 직사각으로 자른 나뭇잎을 아래 사진과 같이 접어 이것이 천국으로 가는 티켓이라 하고 진행자는 스토리를 엮어나간다.

※ 진행자스토리(예문)

우리는 늙고 병들어 이젠 100살이 넘어 하늘나라에 동창들이 모였어요. 그때 학창시절 숲에서 약속나무와 함께 했던 친구들은 다 모였네.

그중 착한친구가 주머니에서 나뭇잎티켓을 꺼내들고 천국으로 들어가려고 옥황상제앞에 티켓을 보이려는 순간, 학창시절 친구를 괴롭혔던 친구가 착한친구에게 티켓을 조금만 잘라달라고 사정을 했어.

착한친구는 3/1의 잘라주었지.

염치없게 착하지 않았던 친구는 조금만 더 달라고, 자기 부인도 같이 가야 한다고 해서 착한친구는 또 반을 나눠주었어.

착한친구는 3/1만 남은 얼마남지 않은 티켓을 보이자 옥황상제가 이를 펴보이며 약속을 잘지켰다고 천국의 문을 열어줬어, 착하지 않은 친구와 부인이 함께 차례가 되어 두사람이 옥황상제앞에 얻은 티켓을 보이자 옥황상제가 노여워했어.왜 그랬을까?

옥황상제가 글자를 아무리 조합해봐도, 미국 옥황상제도 마찬가지고,중국 옥황상제도 역시나 같은 티켓이였어. 어떤 티켓이길래?

지금 약속한 숲속의 나무들은 너희가 나이가 100살이 되어도 그때까지 너희와의 약속을 다 기억하고 있으니 숲속의 어느나뭇잎을 가져와도 다 심판할 수 있단다. 그러니 약속은 꼭 지켜야 한단다.

– 티켓 만들기

나무나 숲은 인간과 자연을 이어주는 훌륭한 연결고리로 인간의 심성과 자연은 서로 영향을 미치면서 발전해 나간다.

어릴적부터 자연속에서 아름다운 심성과 인성을 키우며, 자연에 대한 교감의 가치를 간직한 학생들이 동료를 따돌리거나 괴롭히리라고는 생각하기 어렵다. 학교폭력문제를 해결하기 위한 어느 보고에 따르면 학교폭력과 학교주변의 녹색밀도는 정확히 반비례한다고 한다. 말하자면 녹색이, 자라나는 아이들의 정서나 심성에 큰 영향을 미친다는 뜻이다. 이렇듯 자연의 녹색숲은 학생들이 아름답고 행복한 학교사회의 구성원이 될 때 비로소 왕따나 학교폭력이라는 막중한 사회적 문제를 해결하는 기막힌 묘약이 될 수도 있는 것이다.

숲에서 보내는 단풍카드

아름답고 다양한 단풍의 컬러를 풍부하게 접하게 하는 것은 아이들의 감정뿐 아니라 생체리듬에 영향을 준다. 상상력을 발휘하여 단풍그림을 그리자.

알록 달록 가을이면 단풍옷을 입는다. 숲속 유치원 아이들과 함께 단풍잎을 함께 주어 모아 색깔놀이도 하고, 호랑이와 만들고 사자도 만들고, 아기자기 오려 붙여 넓고 넓은 상상속에 그림놀이를 해보자. 아이들의 작은손으로 그려낸 이 예쁜 단풍그림을 손에도 마음에도 담아 가길 바라며...

가) 준비물

말린단풍잎, 네임펜, 코팅지, 가위

나) 활동사진